Franziska Niqélle, geboren 1988, war schon als
Kind von der Magie des Schreibens fasziniert. Aus
anfänglichen Beschreibungen persönlicher
Erlebnisse, Essays und Kurzgeschichten fand
Niqélle ihren Ausdruck in der poetischen
Versform. Beeindruckt von der Kraft der Sprache,
interessiert sie sich seit jeher sehr für Klang,
ganzheitliche Stimmbildung und das Finden der
eigenen Stimme. In ihren Werken durchleuchtet sie
den sprachlichen Kosmos, Ausdruck und
Erwartungen in der gesellschaftlichen Ordnung,
greift spirituelle Themen auf und gibt Einblicke in
die Gefühlswelt der Hochsensibilität.

Franziska Niqélle

Von der Strömung getragen

Gedichte

www.tredition.de

© 2019 Franziska Niqélle
Umschlag, Illustration: Franziska Niqélle

Verlag & Druck: tredition GmbH,
Halenreie 40-44, 22359 Hamburg

ISBN
Paperback   978-3-7482-8665-3 Paperback
Hardcover   978-3-7482-8666-0 Hardcover
e-Book   978-3-7482-8667-7 e-Book

Auf ewig

Wenn der Ton verklingt und das Lied
verstummt,
wir uns im Nebel schimmernd entgleiten,
der einstige Rausch des Rendezvous verfliegt,
doch die Melodie im Herzen leise weiter
summt.

Es steht im Himmel geschrieben

Die Blätter draußen auf dem Wege rauschen,
ich sehe das Rot im Himmel, der sonst so blau,
das Vogelgezwitscher in Leid gehaucht,
der Schatten ist heut nicht schwarz, sondern
grau.

Das Gestern, das ich such',
erscheint mir ferner als das Morgen,
bevor ich dich gefunden,
fühlt' ich mich hier jemals geborgen?

Das einst Unauffindbare

Verwandelte Kräfte bis ins Gold,
zuvor verlorst du fast den Mut,
doch Lust am Trübsinn zog vorbei
und bracht hervor ruhend Glanz und treibend
Glut.

Wirres Jammern strömte einst die Seele,
salziges Meer floss über Wangen,
suchtest nach dem fremden Leuchten
bis du fandst deinen eigenen Klang.

Geschmückte Gier

Juwelen klirren durch den kühlen Weg,
sie ziehen gezielt in die dunkle Schlacht,
obwohl geschmückt mit Unruh, Wut und
Spott,
ist zu sehen oft nur die leuchtende Pracht.

Träumend such ich nach dem Blick,
der mich klingend wieder weckt,
hinaufzieht
aus der Tiefe dieser Nacht.

Wie ein frischer Wind im blühenden Frühling
möcht' ich mitgerissen werden,
doch jenes Licht verglüht
und zerbricht in finstere Scherben,
die Gier so schwer die Herzen bedeckt
und sich über uns grausam reuelos versprüht.

Schnell noch wohin

Am Grunde der Gefühle
lebt dein wahres Verlangen,
die Augen davor verschließt du,
bis der eigene Sinn in der Kehle würgt.

Doch erschöpft des Leides
hast du Angst, die Wahrheit zu gestehen
und so wird das täglich Verbergen zur
qualvollen Raserei,
und dein eigener Funke
zieht leise und fahl vorbei.

Entblößen

Unbefangenheit gegen Blößen
diese gilt es zu entwickeln,
aus der sich freie Stellen bilden,
die voller Berührbarkeit prickeln.

Sehend werden für eine gemeinsame Sache,
keine Scham und kein Verstecken,
in der Nacktheit zu erkennen,
wir sind ein Teil der Natur,
vollkommen ohne jegliche Zensur.

Was es bräuchte

Seltsam bewegen sich die Lippen
wie ein Schluchzen in jener Nacht,
endlos fiebernd und lautlos zerpresst,
wann gewinnt die leuchtende Fackel
in uns die Macht?

Da, wo Augen voll von Glühen,
das Wort so rosig wie ein Morgen,
da, wo melodische Akkorde blühen,
berauscht und frei von allen Sorgen.

Muttersprache

Eine Sprache,
die die Stille nicht stört,
die sich einfügt in die Musik,
in den Klang des Ozeans,
die uns wieder zurückführt
in unsere Ursache.

Ein Bild,
das wir in alle Ewigkeit malen,
das nicht ständig abgebrochen,
ein Stillleben,
das zu uns spricht,
ununterbrochen.

Der Schatten neben dir

Ein Vernichtungsspiel voll Lügen und List,
abgewandt wie stolze Drachen,
jener Blick ganz ohne Reu',
ein bizarrer Rausch, um alles unfruchtbar zu
machen.

Lebst im festen Körper ohne Feuer,
das Schöne schlendert neben dir,
zum Greifen nah,
doch davor hartnäckig wacht die Scheu.

So duldest du den Schmerz,
der dir das Blau des Himmels verwehrt,
riskierst keinen Augenblick zur Seite,
ein Totentuch schmiegt sich um dein Herz,
und wird zur grauenvollen Gruft,
die alles dunkel färbt.

Elternhaus

Eine Grenze aus Unausgesprochenem,
familiengeschichtliche Verletzungen
an Generationen unbewusst übertragen,
an den Eltern schon versäumt,
Fehler kaum eingeräumt,
es scheint keinen Raum zu geben,
Fragen zu wagen.

Umgang mit Gefühlen,
kilometerweit davon entfernt,
hauptsache alle Vokabeln auswendig gelernt.
Nur noch besetzt von Vorstellungen der
Anderen,
jeder fühlt insgeheim dieses Leben im
Einengenden.

Woher wir kommen,
sehr prägend, oft schwer.
von Glaubenssätzen eingesponnen,
übernehmen wir Sprache, Denke, so viel mehr.
Hartnäckig in Kopf und Herz gepflanzt,
früh beeinflusst,
wie ein Jeder durch die Welt tanzt.

Noch bevor wir in der Lage sind,
zu hinterfragen,
herrscht das eisige Gefühl vor von
Du Musst,
als Kind darauf aus,
seine Eltern glücklich zu sehen,
uns selbst oft gar nicht bewusst.

Doch Gewichtung falsch proportioniert,
das Wort im Außen höchst bedeutend uns
regiert,
doch man im Sog der gesellschaftlichen Pflicht
vergisst,
das es im eigenen Hause schmerzlich wird
vermisst.
Dieses Wort, wonach sich jeder Herzschlag
sehnt,
das zur Einsicht dich befähigt,
dich aufhören lässt, zu strampeln,
dich endlich in dein Sosein begibt,
in ein Wort, das du selber wählst.

Dieses Wort,
es erfordert zu viel Mut,
dieses Wort, das klebrigen Staub aufbricht,
dich heilt von altem Blut,
um jene zu befreien, die nach dir kommen,
von dieser untragbaren Last.

Erkennen

Wir schweben grenzenlos wie Kinderaugen,
wenn unsere Hände gleiten über die Erde,
der Atem streift in tiefen Zügen,
blicken aufwärts zum rosigen Himmel
und beginnen glückselig zu glauben.

Ein Kindertraum aus einem Bilderbuch,
das Grün der Bäume so schön wie nie zuvor,
dieses süße Sehnen mit sprudelnden Tränen,
jene Morgenstund, nach der ich such.

Weiche Umarmung

Von Liebe geflutet,
umarmst du mich zärtlich.
Das triste Grau erblüht in Farben,
sanft in Aquarell getaucht, so sinnlich.

Wir erklingen als Duo,
ein Duett in Dur,
werden zum lieblichen Solo,
solch schöne Musik verwischt jede Kontur.

Zu viel

Angst vor zu viel Gefühl,
Gefahr, sich zu verschanzen
hinter steifen Ritualen,
die nur mühsam zu durchbrechen,
da sind viele abwehrende Resonanzen.

Äußere Abschirmung
ähnelt einer Käseglocke,
eine dicke Glaswand,
simuliert erwartete Formung.

Das verkörperte Gefühlskorsett
wird zum etikettierten Kunstwerk,
es drückt auf mein hartes Skelett,
doch läuft scheinbar ganz adrett,
darauf liegt das Hauptaugenmerk.

Die Aufgabe nicht leicht,
eine Komposition, in der ich steh,
nicht überrollt zu werden,
unwissbar,
eine Kondition, mit der ich geh.

Bleib doch

Ich möchte nochmal in deine Augen sehen,
deine Blicke spüren, die mein Herz versteht,
deine Worte lesen, die mich nähren,
deinem Klang lauschen, der mich einhüllend
zart beseelt.

Doch die Stufen gehst du schon hinab,
kein Blick zurück, den ich mir wünsch',
diese schönen Stunden, sie sind fort,
mein ungesagtes Wort, es ruft nach dir,
doch zögernd steh ich dort.

Giftige Plauderei

Ein müdes Gift ertönt aus deinem Mund,
zerreißt verwüstend jeden Ton,
verzweifelt blickst du aus dem Tempel,
triffst direkt ins Herz, das du bewohnst.

Dein Blick verbrennt das verfluchte Ziel,
nagt am Grunde ohne Abendschimmer,
wie eine Raupe, die der Finsternis entfiel,
sich krächzend im Weh erwärmt,
die Augen gefüllt mit schreienden Tränen,
das fiebernde Herz schon längst sehnend
zusammenfiel.

Blick nach unten

Der Geist so zerbrechlich,
passt sich an an jenen Kummer,
ganz leis und sanft hebst du deine Glieder,
wieder und wieder,
mit gebücktem Leib und seltsam scheu,
erschrickst bei den Taten,
die dich gespenstisch ziehen nieder.

In deinen Augen...

Die Welt für einen Moment
hinter uns gelassen,
wir sehen uns an,
umringt von einem schimmernden Garten,
zwischen uns blüht ein liebender Strahl,
er braucht nur uns beide als Zutaten.

Erfüllter Sinnenrausch

Die Rosen lehnen sich seidig
an deine Wangen,
der Duft so tänzelnd,
willst den Fluss mit deinen Händen einfangen.

Erblickst die summende Blume neben dir,
denkst an blühenden, süßen Honig, der bald
kommt zu dir,
sinkst sanft ins Gras, beginnst zu schlummern,
fliegst selig zum Herz der Erde,
das in schönsten Farben tief in dir wummert.

Zum Schweigen gebracht

Willkürlich blieben Worte aus,
tauchten dann auf einmal wieder auf,
keine Kontinuität,
kein festes Fundament,
kaum noch Vertrauen in das Selbst,
hoffend,
dass wer den Hilferuf versteht und
ihn ohne ein Wort erkennt.

Aufkommender Streik weitete sich aus,
wie ein Fremdkörper im eigenen Haus,
eine Tortur, die ungefragt
dem Leben entgegen jagt.

Schleichend gewonnene Macht,
kämpfend gegen eine Wand,
eine Unklarheit stellte sich ein,
die dem verängstigten Träger,
jeden Ton schmerzlich nahm aus der Hand,

Der Hals so vollgestopft,
kaum noch Platz zum Atmen,
dieser antrainierte Code,
so störend und blockierend,
die eigene Sprache, sie klopfte,

doch wurde verdrängt in der Not,
und löste aus,
ein Schweigen,
das sich anfühlte wie ein langsamer Tod.

Vorgegebene Unversehrtheit nach außen,
nur Schein,
zerstörerisch wütete ein Prozess
im Sein.
Grenzenlose Panik,
das ganze System wollte fliehen,
sprachlos,
die Lebendigkeit verliehen.

Die bekannte Ordnung nicht mehr verstanden,
Fremdheit zwischen der Welt und mir,
eine Flut an Gefühlen,
überforderte Schreie so laut,
doch verstummten im Außen,
da war eine Rolle aufgebaut.

Die Rolle galt es zu erfüllen,
doch anscheinend nicht gefunden,
keinen Bezug mehr zu diesem Wir.
Evakuierung, der einzige Weg,
doch keine Chance,
da waren diese Erwartungen von dir.

Heimweh

Das Gefühl von Zuhause,
Worte wurden dafür nicht erfunden.
Heimweh nach Unbegreiflichem,
Musik lässt sich nicht übersetzen,
so unbeschreiblich.

Heimweh,
du bist mein treuer Begleiter,
mit jedem Morgenstrahl zeigst du dich erneut,
nach einem in den Kern begebenden Traum.
Find' ich dich heut?

Das erste Gefühl des Tages,
noch bevor ich jenes Bedürfnis verspür'.
Straßen und Wege führen überall hin,
nur nicht nach Hause,
wo steckt hier der Sinn?

Spüre dich,
vor all den Worten du beginnst.
Ich kann dich nicht greifen,
doch jede Sekunde
mich alles in Frage stellen lässt.

Der zerstörte Rhythmus

Das Telefon reißt uns aus unseren Gedanken,
die Uhr aus unseren Träumen,
wirst du jeden Morgen geweckt
oder wachst du von alleine auf?

Bist du müde und nervös,
darfst du nie zu ende träumen?
Dein seelisches Gleichgewicht hängt davon ab,
das kalte Leiden ist unermesslich.

Die Uhr, die niemals aufhört,
deinen eigenen Rhythmus kennst du nicht.
Ein bisschen Freiheit
ohne Netze,
ruhig frühstücken,
das wäre schön.

Ursehnsucht

Schmetterlinge tauchen ein in meine Wangen,
lieblicher Sog im Bauch,
unglaublich starkes Verlangen.

Grenzen lösen sich auf,
alles verschwimmt,
fließendes Gewässer,
entfaltete Einheit verschmilzt im Sein.

Gebe mich dem Gefühl hin,
wehre mich nicht.
So schön, so stark
und so erschöpfend,
ich schmecke das Wunder der Geschichten.

Spüre die Verbindung,
fernab jeglichem Begreif,
Ich möchte nochmal tauchen,
die ganze Zeit.

Dämmerung

Suchend nach dem schönen Schein,
getrieben vom vermeintlichen Sein,
angesteckt,
niemals satt,
insgeheim fragend,
ob noch jemand
ein fühlendes Bisschen in sich hat.

Ich weiß,
du willst es,
spürst es kriechen,
du brüllst mich leise an,
dein Blick genügt.

Ich höre dich,
mach' deine Augen zu,
nicht ohne Grund triffst du mich.

Schäm' dich nicht, nicht vor mir.
Ich halte dich, ich bin bei dir.
Dein zugeschnürtes Herz,
die Riemen so fest,
ich reiß' es auf
und sehe
mich.

Abendlicht

Ein schlafendes Städtchen zu später Stunde,
leuchtendes Schauspiel Schritt für Schritt,
die Kerzen gelöscht, nur noch mattes
Flimmern,
friedlicher Strom versprüht eine nächtliche
Macht,
bis die Morgenstrahlen wieder erblühen in
ihren Zimmern,
diese Stunden des Zaubers hat jeder woanders
verbracht.

Aus Situationen hinauswachsen

Erfahrung, die in Schmerz getränkt,
führt zum Kern deines Wesens zurück,
zwingt dich
unmissverständlich,
hinauszuwachsen,
über das vorher Gelebte,
der Fokus wird wieder in dein Herz gelenkt.

Ein Prozess,
der Furcht und Schrecken trägt,
eine Situation,
die dein Sein tief prägt.

Und dann geschieht es,
die Unruh wird sympathisch,
ein haltloses Schwimmen in
neuen und wilden Gedanken.

Du willst nicht mehr zurück,
nicht mehr zum Altbekannten,
wie könntest du auch,
geschweige denn wollen,
wieder in ein System,
das dich hat aufhören lassen,
in dein Selbst zu vertrauen.

Und dann

So plötzlich tratst du in mein Leben,
schlugst Fenster und Türen meines Hauses ein,
wie ein Sturm, der mir gesandt,
in diesem Schicksalswind hab ich
die Wahrheit erkannt.

Es geht um das Wie

Szenischer Ausdruck,
soziales Verhalten,
Aufmerksamkeit liegt nicht mehr
beim Niveau der Zeile,
das ist veraltet.

Das Drumherum entscheidet,
wie der Körper das Wort begleitet,
ungeduldig
gegenüber dem stehenden Satz,
der dich zu Ungewolltem könnt' verleiten.

Sichtbare Verdrängung,
angenehm unterhaltsam,
untersagt bleibt unter schwerstem Druck,
die Form der Aufdeckung.

Intimität

Die Sinnlichkeit
über den ganzen Körper verteilt,
ekstatische Freude gleicht der Ewigkeit,
schimmerndes Jenseits,
kein flüchtiger Augenblick.

Das Fenster zum grenzenlosen Himmel,
Körper erklingen wie Musikinstrumente,
pulsierende Flügel breiten sich aus,
Gedankenfreiheit, zeitlose Momente.

So gehen wir ineinander über,
zwei Menschen ineinander auf.
Vibrierende Elektrizität,
sie verlieren alle Grenzen,
lösen sich im Dunst auf.

Doch gefangen in der Angst,
intim zu sein,
Kontrolle zu verlieren,
im Inneren
ist dieses Wahnsinns-Sein eingesperrt.

Gelegentlich zeigt es sich,
alle drehen durch,
dann verkriechen wir uns wieder,
gehen auf Nummer sicher
und träumen von diesen schönen Liedern.

Maßstäblich deuten

Das Kind in dir
mit Gewalt an einen anderen Ort gebracht,
mit deinem erlernten Instrument
forderst du schon bald unterschiedliche Dinge
ein,
beigebracht.

Doch kein vertrauensvoller Klang,
geschickte Botschaft kommt nicht an,
du meinst etwas anderes,
mehr als das,
deutest es lediglich nur an.

Nicht genau verstanden,
in diesen Worten erkennst du dich nicht,
schleppst dich dahin,
von der Wiege bis ins Grab,
hoffst, dass dein nächstes Leben
mehr Dir entspricht.

Schau hin

Zitternd,
ängstlich.
gelähmt vor Wut,
sie splittern an mir ab,
dieses Mal,
oft nicht.

Überall
bissige Fässer,
laufend,
gefüllt mit Worten,
säuerlich duftend,
ich höre,
was sie lebenslang
im Herzen horten.

Erstarrt,
fürchtend zu entdecken,
müde,
ihr Wesen zu wecken.

Spaltungsirre,
kristallklar,
schwere Strafe,
gelenkt, kein Wunder mehr da.

Leuchtende Lippen

Deine liebkosenden Küsse,
eine wilde Unschuld liegt darin,
sie schmecken wie ewige Blüten,
aus denen wir
einen glänzenden Ozean gewinnen.

Wie goldene Minen zum Zünden gebracht,
entfacht die Explosion in schönsten Farben,
durchflutete Lichter flimmern in ihrer ganzen
Pracht,
eine weiche Glut durchströmt so duftend,
an diesen warmen Junitagen.

Angelegte Fesseln

Lauschend der fluchenden Symphonie,
die wie spitze Dornen in dein Blut sticht,
geehrt wie eine heilige Zeremonie,
verleugnest jedoch die gefühlte Monotonie.

Ein Klang, er bohrt sich tief ins Fleisch,
vor lauter Hunger findet er keine Ruh',
vor Übelkeit bist du schon ganz bleich,
doch legst dir lieber noch mehr Ketten zu,
für den schönen Schein, so wesensgleich.

Klarer Nebel

Blendung durch den Geist bis hin zur
Ahnungslosigkeit
Unbewusster Zustand,
bewusste Gleichgültigkeit
Geistiges Neuland und ein schwarzer Schatten
so weit,
klares Wasser, Intuition, ist das unerfahrene
Einheit?

Grenzerfahrung unterm offenen Himmel,
unbeschriebenes Blatt und doch vollendet.
Geerdet, gemischt mit Rot,
verheißungsvoll,
das Unbekannte blendet.

Anfangszustand, frisch und jung,
Herz, Gemüt und Wille, Ausgangspunkt.
Harmonie und Auseinandersetzung
bis hin zur Vollendung,
der Schoß der Stille,
er schreit nach Vereinigung.

Wurzel und Krone,
Aufbrechen der Kraft,
Entwirrung, erprobend,
Kern suchend, Macht.

Freude oder Gefahr,
nicht leicht zu entscheiden,
das Schwert der Klarheit,
immer schwerer zu meiden.

Schauen, was im Sieb bleibt und was nicht,
zugleich Ursprung, Verwandlung, vieles auch
bricht,
vieles loslassen, vieles ernten, du kommst ans
Ziel,
aus spielerisch gründlich wird festigend viel.

Wirkliches verträumt

Wahr gewordener Traum in der
geträumten Wirklichkeit,
irgendwo dazwischen,
du weißt es nicht genau,
du glaubst, dass Großes kommt.

Siehst euch vor deinen Augen,
es geschieht jetzt,
doch woanders,
bereitest dich vor,
willst, dass dieser Moment
endlich in diesem Leben bei dir einsetzt.

Gefangen in dem Verlangen,
vermeintlich real,
du spürst hinein,
nochmal und nochmal.

Freudig aufgeregt und hungernd,
doch wirst getrübt von deiner Angst,
erkennst du,
du steckst fest,
in einer Sehnsucht,
die du hältst,
du hast dich verrannt.

Mein Wagen

Den eigenen Kurs wagen
in den vielen Widersprüchen,
das Dasein wirkt wie verhext,
hör ich mich leise Abrakadabra sagen.

Ein neuer Wendepunkt,
über den Schatten springen.
Die Vorstellung geht dem Ende zu,
ich nehme Farbe und
will mich in Form bringen.

Nähe, du zarte Blüte

Manchmal ist da Angst,
vor lauter Loslassen,
verlernt zu haben,
jemanden hineinzulassen.

Sich zu öffnen
für das süße Spiel,
aus Angst vor Täuschung,
Nicht-Genug-Nähe,
diesem kleinen bisschen Fremdsein,
das nicht aufgebrochen werden kann.

Dieser letzte Zentimeter,
der uns hindert,
am Fallen,
wir uns dann lieber wieder umdrehen,
hoffen auf Später.

Du denkst, da liegt dein ganzes Sein,
und wieder reicht es nicht,
es tut euch leid,
ich sehe dich,
dieses Dein,
das du noch nicht erfahren hast,
so schützend,

und so tauch' ich wieder ab,
in Mein,
beschützend.

Die irre Sicht

Gefallen aus der gesellschaftlichen Ordnung,
in die Schlucht des Unverständnisses gefallen,.
scheinbar rücksichtslos auf soziale Folgen,
nicht angepasst in den Gegenverkehr zu
prallen.

Meist sich selbst nicht verständlich,
gilt als Leben, das stört
nicht fähig, anderen zu erklären,
dieses Sich,
das geworden zu einer Gestalt aus Gerüchten,
alle interessiert's,
doch jeder ist empört.

Ein ausgebrochener Konflikt im Einzelnen,
so beginnt es immer,
die bekannte Norm war nicht wirksam,
verlangt Veränderung, längst fällig,
doch der nächste Halt,
stationäres Zimmer.

Kaum noch Kraft und
fast schon entmündigt,
ein schweres Schicksal, so mühsam,
oft weggesperrt und diesem Leben kaum noch
würdig.

Die Gründe dafür, so viel sei gesagt,
sie liegen nie im Einzel nur allein,
zu finden sind sie tief in der Ordnung,
die nun im Kollektiv als Körper herausragt.

Das Leben in der Gruppe
im Zusammenhang mit der Krankheit,
diesen gilt es herzustellen,
für eine angemessene Heilung,
die lange weilt.

Sag mir,
bist du bereit, dein Sinngebilde namens Alltag
zu hinterfragen?
Für ein Wohl, das alle trägt?
Oder übst du dich täglich darin,
sie möglichst weit von dir zu jagen?

Schicksal leben

Zuvor nicht gegeben,
du bringst es mit.
Find' sie wieder
die Welle, auf der du einst rittst.

Heb' auf den Schatten,
bringe Licht hinein.
Nicht die Flucht,
die Unzuständigkeit
füllt dein Sein.

Geschick im Schicksal,
aufschauender Blick,
die zugewandte Haltung,
sie ermöglicht dir,
jene Verbindung im Kollektiv.

Selbstvergessen

Welch schöner Zustand,
abwesend zu sein,
ab vom Wesen
hinein ins Sein.
Aushäusig,
gedankenfern,
nicht zugegen,
kurz mal ausgeflogen.

Erlösende Tränen

Über deinen Schultern ragt ein
Himbeerstrauch,
die Stadt so dunkel, zu erkennen nur noch ein
Hauch,
unzählige Stunden verweilst du dort,
dein Spiegelbild im Flusse schwimmt schon
fort,
doch geduldig wartest du auf das sinkende
Wort,
das vom Sternenlicht flackert und dir bringt
lösende Antwort.

Spürst den glänzenden Kuss,
der sich im Wasser spiegelt,
das Blut verzaubert,
tauchst ein in den wohltuenden Genuss,
der dich sanft beschenkt und an deiner Stirn
klopft,
und fließend aus deinen Augen tropft.

Herzschlag

Das Pochen deines Herzens,
wenn du neben mir liegst,
eine Melodie, der ich lausche,
die jeden Zweifel besiegt.

Vampirischer Kampf der Schlafwandler

Ein blasser Himmel und ein müder Geist
blicken durch einen in Dunst gehüllten
Schleier,
schläfrig verüben sie grausame Verbrechen,
verspotten verspielt das Weh der Befreier.

Fröhlich tot

Der Ast voller Wunden hat dich schon
gefunden,
den Wahn und Spuk hast du längst empfunden.
gleichst einem bezwingten Schatten in der
Nacht,
das Grauen schleicht, du wirst bewacht.

Mond, mein liebender Gefährte

Dein Anblick so magisch,
versteinert steh' ich da,
mit jedem strahlenden Aufgang erneut.

Ziehst mich zu dir,
die Grenzen verschwimmen,
ich tauche hinein,
welch zärtliche Geschichte steckt in dir?

Will dich berühren,
Kontakt mit der Sehnsucht,
verborgene Regung,
die Zeit, sie steht still.

Vollmondig aufwühlend,
sanfter Hauch
geladen mit Magie,
natürliche Kraft, ich spüre sie.

Dein nächtlicher Reiz,
so berauschend und frei,
die Betonung liegt auf Zauberei,
du warmer Mond, ich begehre dich,
wenn wir lieben,
blühen wir, du und ich.

Sich in Sorglosigkeit aalen

Es liegt ein purpurrotes Leuchten
in fahler Trägheit,
im Land der Träume und des Schwelgens,
fließt warmdurchblutete Bewusstheit,
die wir alle bräuchten.

Durch die düsteren Wolken

Ein Brand voll unerfüllter Taten,
zügelst deine Gedanken und legst dich
zitternd nieder,
erschüttert von deinem eigenen Klagen,
innerlich reißt ein Tal auf,
doch du kannst es niemandem sagen.

Diese verborgene Glut, die seit jeher brennt,
die nicht willenlos in ihr Verderben rennt,
dich greift und so oft sterben lässt,
bis du die Angst vor deinem eigenen Kelch
fallen lässt.

Stilles Begehren

Es treibt ein heimlich schmachtender Strahl,
der aus dem Brunnen ragt,
unaufhaltsam und laut ertönt,
und doch das Wort an dich nicht wagt.

Passiv spricht

Hören, aber nicht zu.
mitreden,
nur antworten.
Schlag zu!
Klingt nach Störung,
getarnt mit weißen Zähnen,
trauriger Schauplatz,
Anhörung.

Passivsätze,
fremdbestimmt,
mal seh'n, was du heute wieder nimmst.
Zerkautes,
geht leicht über die Lippen,
gut ist,
das Wahre,
ein nutzloses Dasein
ohne Frist.

Trugbilder,
schaurig schön,
abgekauft,
Euphemismen umgetauft.

Von Klein auf rüstend antrainiert,
zeigt die Fassade Risse,
was soll's,
das Wort saniert.

Rück' dein Kostüm zurecht,
es geht hinaus.
Sprich' es dir leise vor,
schreib' es lieber nochmal auf.

Überprüf' dein Korsett,
schnür' es ganz fest zu,
sonst platzt es heraus,
das verlernte Du.

Wild und frei (eigentlich)

Scham und Bescheidenheit überwinden,
in eine wilde Natürlichkeit gelangen,
doch das pure Rumstehen wird schon nicht
ertragen,
führt zum hastigen Wühlen am Grunde der
Taschen,
und wir in größter Unsicherheit
dem vermeintlichem Du-hast-so-zu-sein
hinterherjagen.

Sinnlichkeit trägt den Sinn in sich

Der Sinn,
der steckt im Sinnlichen,
hingebungsvoll und zugewandt,
verführerische Wahrnehmungen.

Beachte den Schatten,
schätze das Licht,
verweile und genieße,
sinnlich leben heißt intensiver lieben.

Erfahre die Schönheit,
entscheide bewusst
so wird jede Tasse Tee,
Schlückchen für Schlückchen
zum puren Genuss.

Kipp ihn nicht herunter,
stopf' nicht nebenbei,
dann bist du empfänglich für
diese sanfte Zauberei.

Ungeweinte Tränen

Ein Mahl aus purem Schweigen,
nach außen bin ich ohne Träne,
doch das sollte dich wundern,
schreit in mir das ungeweinte Wort der Trauer,
nach dem ich mich lauthals sehne.

Da, wo die Sensibilität willkommen ist

Kommt Zärtlichkeit wieder in Mode?
Professionalität dominiert die Welt,
die nun lange genug angestrebt wurde,
denn jeder im allein Männlichem zerfällt.

Das Weibliche, das in uns weint
die andere Hälfte, die uns vereint,
oft verkannt und unterschätzt,
wird nur zu gern verneint.

Sanft und losgelöst zu sprießen,
mit dem Atem weich zu fließen,
dann, ja dann,
mein zartes Wesen,
glänzen die Früchte des Geistes
und spiegeln sich nackt auf Mutter Erde,
deine Sehnsucht weiß es.

Das Meer in mir

Was aussieht nach Untat,
begangener Nicht-Tat,
ist das Wort
mit herunter gedrehter Lautstärke,
um das ich bat.

Ich richte den Vorhang,
diese gründlichen Blicke,
die Flut reißt mich mit
in ihrem widerhallenden Gesang.

Die Tiefe, sie saugt.
Der Boden, so leuchtend,
der Zugang versperrt,
die Sicht in Stücken,
doch ich rieche die Brücken,
unter dem Teer.

Ihnen nachleben

Du fühlst dich gut,
weil du jedem gefällst,
bist angepasst,
hast dich eingefügt,
dein Selbstbild nie in Frage gestellt.

Brav die Muster erfüllt,
dich selbst nie erfahren,
oft geschwiegen,
aus Angst,
Zurückweisung könntest du nicht ertragen.

Deine inneren Überzeugungen,
als Träumerei abgelegt,
dich selbst geopfert,
zum vermeintlichen Wohle,
dein Schicksal abgewägt.

Ungefiltert

Das Falsche wird unaufhaltsam eingeatmet,
es kommt auf direktem Wege zu mir,
erkennend lauf ich durch die Gegend,
fasziniert von diesem Leben,
möcht' so gern das Wahre freilegen.

Ein Gesicht, das niemandem gehört

Eine fleischgewordene Ware,
die durchscheinend auf dem Ladentisch liegt,
dein zertrümmertes Fenster,
das seit gestern schon schwer nach Abfall
riecht.

Kaufst fiebrig und schaffst an,
brauchst vernichtend viele Belege,
die dich halten in jenem Prozess,
um dich zu führen in aufsteigende Wege.

Ladenfrisch zu leben,
ach wie schön
und so identisch,
der Pfeil vor deinem Gesicht,
beachtlich eingefleischtes Gemisch.

Vom Wasser lernen

Immer in Bewegung,
fließende Verbindung,
in Strömungen münden.
Wellen kommen
Wellen gehen,
wieder im Ganzen,
fließend,
einfach so.

Miteinander

Es ist nicht leicht,
in Beziehung zu sein,
hochsensibel,
Dein wird unaufhaltsam zu Mein.

So viel Kraft braucht es schon,
im Leben zu bestehen,
so viel zu fühlen und
ungefragt aufzunehmen.

Keine Geduld mehr für lahme Spiele,
in purer Rohheit mag ich uns erleben,
völlig nackt und unverblümt,
nur so lösen sich zugedrehte Ventile.

Ohne schützendes Schild
will ich dir begegnen,
vielleicht muss ich dir vieles sagen,
was du nicht hören willst,
mein Sein wird über uns regnen.

Bist du bereit für solch eine Tiefe,
die dir vieles abverlangt?
Verstehst du jetzt,
warum ich nicht mit dir zusammen sein kann?

Übersetzungsarbeiten

Ich übersetze mich
in eine Sprache, die nicht
fähig ist, mein Sein zu erfassen.
Ich begebe mich hinaus
aus dem, was ich bin
und werde zu dem,
was ich erklären kann
oder muss?

Eine Arbeit,
der ich ausgesetzt bin,
ungewollt,
einen Deutungskonsens finden,
den das Außen versteht.

Mir selber muss ich nichts erklären,
dem Anderen jede Menge.
Sobald ein Gegenüber da,
geht es los, das große Ringen.

Eine Arbeit mit erschwertem Zugang,
die Haut steht zwischen uns,
was bedeutet das,
Leben im Exil?
Ich suche den Ausgang.

...ich liebe...

Liebe findet jenseits des Denkens statt,
sie will verströmen,
uns vereinen,
sie drängt sich nicht auf,
hebt alle Grenzen auf,
ohne Erwartung und Bedingung will sie
in uns aufkeimen.

Liebe ist keine Emotion,
vielmehr die Wahrheit in uns,
ein bedingungsloser Zustand,
das Wissen um das Größere in uns.

Nickel-Regen, der vom Himmel fällt

Gesundheitlich gesehen,
hat Nickel eher einen schlechten Ruf,
ein verdorbenes Kupfer im Erdinneren,
zu viel davon kann dir an den Kragen gehen.

Doch zu finden fast schon überall,
Nickelverbindungen erscheinen so ganz
nebenbei,
das Risiko unabschätzbar,
metallischer Brei.

Allergische Reaktion,
Grenzwerte nicht eingehalten,
aufgenommen im täglichen Allerlei,
verursacht auf Dauer lästiges Leiden,
wir sind alle nicht ganz nickelfrei.

Leiden können wir nicht leiden,
Leid können wir nur schwer ertragen,
sozial getarnt auf Isolierstationen,
möglichst optisch zum Verschwinden bringen,
öffentliche Entdeckungen meiden.

Aggressiv behandelt
für ein scheinbar lebenswertes Leben,
in dem Krankheit nichts zu suchen hat,
Gesundheit wird als Leistung gegeben.

Arbeiten,
aber nicht am Ganzen,
Natur beherrschen,
gewinnbringend verwerten.
Nickel, du bist daran auch beteiligt,
hörst du nicht,
wie sie alle mit den Zähnen knirschen?

Wenn fremde Stimmen lauter sind als deine

Erinnernd, wie ich Schmerz und Kummer
klagte,
die Antwort oft so unverstanden und
belächelnd,
meist hört ich nur "sei still".

So war ich still für eine lange Zeit,
doch sprach mir innerlich gut zu,
wollt den Dingen auf den Grund gehen,
doch im windigsten Sturm warf ich selbst bald
dieses "sei still" mir zu,
konnt' ich es eigentlich nicht ausstehen,
aber jene Stimme wurd' unaufhaltsam meine,
viele Jahre musst' ich mit ihr gehen,
bis ich schließlich fand die wahre meine.

Im Augenblick

Liebevoll zu sein,
nicht geplant und nicht gedacht,
nichts Bestimmtes ist zu tun.
Lass entstehen, was entsteht,
gewinne eine neue Qualität.
Zugewandt und offen,
nicht verstellt,
denn nichts Großartiges muss es werden.

Genieße den Moment,
versuche nichts daraus zu machen,
lass es zu und nur geschehen,
stimm dich in den Rhythmus ein,
lass dich gehen.

Atme und verbleibe im Tal,
dann siehst und erreichst du den Gipfel,
genieße beides,
steuer nicht das Ende an,
du entscheidest.

Verletztes Geschlecht

Dort, wo Freud empfunden werden soll,
empfängst du abwärts Schmerz,
wurdest unter Schrei und Tränen schon
geboren.
eine Mutter lebt es vor,
gespeichert und oft unverarbeitet
gleicht er einem Stich ins Herz.

Blickst zu deinen unglücklichen Schwestern,
die getränkt in Leid und Wut,
sie wissen, welches Lied du singst,
sie alle kennen diesen Zustand,
vom dem du schon als kleines Mädchen warst
umringt.

Der Schmerz, der ganz tief in dir steckt,
der nicht erst kommt aus diesem Leben,
ein Urschmerz, den das Weibliche bewohnt,
aus ihm heraus begrüßt du heute das Wahre,
nur dafür willst du dich liebend hingeben.

Liebe

Liebe fließt,
Liebe ist weich.
Liebe strömt in deinen Hohlraum,
so rein und natürlich wie Wasser.
Liebe beabsichtigt nichts
und gewinnt doch alles.

Liebe kannst du nicht haben,
Liebe kannst du nur sein.
Du musst sie nicht suchen,
denn sie ist schon längst dein.
Schau hin, sei bereit,
sie lädt dich ein, jederzeit.

Wenn wir

Wenn wir
Herzgespräche mit kopflastigen Menschen
führen,
fängt ihr Wesen an zu zittern,
die Unruhe wird nervöser,
die Schwerter in Stellung gebracht.

Sie klingen leerer und lauter,
ein verkrampfter Sog zieht sich zu wie eine
Schlinge,
sie sind dabei,
ohnmächtig in den Augenblick zu schlittern.

Wenn wir
uns wie eine Schlange schlängeln um ihren
Baum,
Schicht für Schicht abtragen,
an ihren ungelebten Schmerz klopfen,
krallen sie sich von innen fest an die Rinde,
sie glauben, im Außen gibt es dafür keinen
verstandenen Raum.

Wenn wir
dann die Enge spüren,
strampelnd im Gefängnis ihrer Worte,

rumtigernd im eigenen Kreis,
selbstgebaut und noch nicht erkannt,
sie kämpfen jeden Tag den gleichen Kampf.

Wenn wir
sie hören bevor sie reden,
sie uns ihre Geschichte unter die Haut flüstern,
wir uns fühlend ihrer annehmen
und es,
innerlich schreiend,
nicht aushalten können.

Wenn wir
in einem Augenblick
die gesamte Welt hören,
die Fahnen erblicken,
gesetzt auf Halbmast,
liegt es an uns, sie zu erinnern,
ihre Hand zu greifen,
und von ihnen zu nehmen,
diese erdrückende Last.

Du hast die Wahl

Die Chance, vor unseren Augen erscheint,
so geht es allen und doch nicht vereint.
Die Zahl Eins, sie ist unteilbar,
das Entgegenkommen ungreifbar.

Erkennen und benennen,
erst dann wird unterschieden,
Wünsche, so viele, berechtigt,
endlich Frieden.
Unterscheiden,
erst dann verbinden,
den Raum im Zimmer schaffen und finden.

Öffnung der Mauern,
animierend und schockierend,
verstehen kann ich's,
vertreten meist nie.
Verschiedene Richtungen,
mal sinnlich, oft deutlich,
Begegnung mit mir, so fragend,
was brauch' ich?

Wo Sinn und Sinne erhalten,
wird Fruchtbarkeit und Wahres sich entfalten.

Himmel und Erde, Leib und Seele,
begib dich hinein und wähle.

Erst dann begreifst du die Magie,
wir alle bringen Neues mit, das reicht.
Diesen Schatz tragen wir mit Schönheit und
Glanz,
wenn wir wollen, fordert er uns auf, zu einem
Tanz.

Blutende Töne

Dein Mund weit offen,
doch deinen Augen fehlt der Glanz,
dein Herz ist fest verschlossen,
ziehst dahin mit schriller Kapelle,
eine scheinbar belebende Welle,
doch übersiehst das Verderben, das folgt
diesem Zwang
und dich treibt in einen einsamen Gang.

Trauersturm trägt Gold im Mund

Dein Weinen klingt wie ein dröhnender Sturm,
eine schmerzende Kraft löst sich aus dem
verdunkelten Leuchtturm,
zerreißt die Schlinge, die dich hält fern vom
Kirchturm,
und legt frei den schillernden Bernstein,
der hoch oben weilt am Glockenturm.

Aus der Erkenntnis heraus

Wie ein friedvoller Schweif
flatternd in die Ruh',
dein Herz begehrt das Lied der Wellen,
willst dich in den Strom der Ewigkeit gesellen.

Satt von Qual, vom Hunger im Winter,
den Sturm entladen, er vertönt dahinter,
vorbei die Zeit, in der die Knospen schreien,
hast gelernt, das wilde Gold zu befreien.

Macht der Sonne

Sonnenstrahlen treffen direkt ins Herz,
leuchten den Weg zu unserem innewohnenden
Schatz,
der brennend nach uns ruft,
voller Lust,
in klingender Glut am frühen Abend im
August.

Aufbruch

Die Hände, sie kribbeln
bei jedem lauten Schritt,
du legst sie ineinander,
summst mit deinen Lippen die Melodie
des Liedes mit.

Begibst dich ruhelos auf den Weg des
Schweigens,
auf dem Hügel wartest du, zweifelst wieder
abzusteigen,
dich ruft etwas zurück, inbrünstig blutend,
doch fremd geworden, spürst, dass dich Neues
durchflutet.

Klangvolle Hingabe

Berauscht von deinen Sinnen pflückst du
warme Tropfen,
verwandelst kühle Scheu in einen Lebensbaum
mit Herzklopfen,
der Felsen bebt, du lauscht dem Weckruf,
blickst in den Wind des Traumes, der dich
schuf.

Danke, dass ihr da seid

Umhüllt in Dankbarkeit,
fließen Tränen über meine Wangen,
denk ich an jene Begegnungen,
die spürend tief klangen.

Oft nur Augenblicke, wenige Momente,
die reichten, euch zu erkennen.
Dankbar, dass ihr da seid,
die Verbindung so fühlbar,
mit Worten nicht zu erklären.

Alphabetisches Verzeichnis der Gedichtüberschriften

Zeitfracht Medien GmbH
Ferdinand-Jühlke-Straße 7
99095 Erfurt, Deutschland
produktsicherheit@kolibri360.de